ALFAGUARA

Conoce a Simón Bolívar

Edna Iturralde

Ilustraciones de Ytziar Cori Álvarez

ALFAGUARA

Para mis nietos, Chaz, Tacéo, Kilian, Adrian y Thomas, con todo mi amor

Palomo Blanco trepaba con dificultad por la pendiente lodosa, tratando de no resbalar. Sabía que su amo, a quien llevaba a cuestas, dependía de su habilidad para continuar abriendo el camino por donde seguirían los otros caballos con sus jinetes y los soldados que marchaban a pie. Delante de él iba Nevado, alertando con sus ladridos cuando el suelo casi desaparecía al filo del barranco que ojos humanos no podían distinguir por la niebla. Entonces, los hombres desmontaban y continuaban a pie, apegados a la montaña. Todos, menos el amo de Palomo Blanco, que confiaba en él a ojos cerrados.

Llevaban un mes de viaje por las cumbres de los Andes. Iban abriendo un camino que parecía estar entre las nubes, donde el aire no alcanzaba a subir y por eso les costaba respirar. Un camino donde el sueño no llegaba por las noches y la esperanza parecía haber rodado cuesta abajo.

Cuando el cielo se volvió del mismo color del lodo, el amo de Palomo Blanco ordenó a su ejército detenerse en una meseta. Nevado encontró un cobertizo y una choza donde llevaron a los que estaban enfermos por el frío y la falta de comida.

—El amo ha llamado a reunión en el cobertizo —Palomo Blanco relinchó preocupado.

—Eso escuché —ladró Nevado—. Parece que hay problemas.

—Vaya, vaya, podría asegurar que ustedes dos conversan —rió el amo, retirando la montura del caballo—. Bueno, quizá se quejan por estar mojados. Los secaré por turnos. El más lanudo primero —dijo, y comenzó a secar con movimientos rápidos el cuerpo de Nevado, deteniéndose más tiempo en el pelaje blanco que tenía en el lomo y que le daba su nombre. Después secó al caballo, y solo ahí se ocupó de sí mismo.

Era un hombre de estatura pequeña, rostro alargado, ojos negros y brillantes como carbones, nariz alargada y labios gruesos. Se llamaba Simón Bolívar, e iba al mando de aquel ejército. Con una mano se secó los cabellos oscuros y rizados y con la otra se desabotonó su casaca militar, que no solo estaba empapada sino en harapos debido a las durezas del viaje.

—Me pregunto de qué hablarán —Palomo Blanco señaló con su cabeza al cobertizo.

—Si tienes tanta curiosidad, yo puedo entrar sin que lo noten —sugirió Nevado.

A Palomo Blanco le pareció buena idea.

Nevado demoró en regresar. Cuando lo hizo, traía las orejas gachas.

—¿Te descubrieron? —preguntó Palomo Blanco al verlo así.

—No. Fue peor que eso. Algunos soldados se niegan a continuar el viaje y piden volver.

—¿Volver? ¿Retroceder? Entonces nuestro amo no podrá llevar la Independencia a los humanos que están al otro lado de estas montañas —relinchó Palomo Blanco furioso.

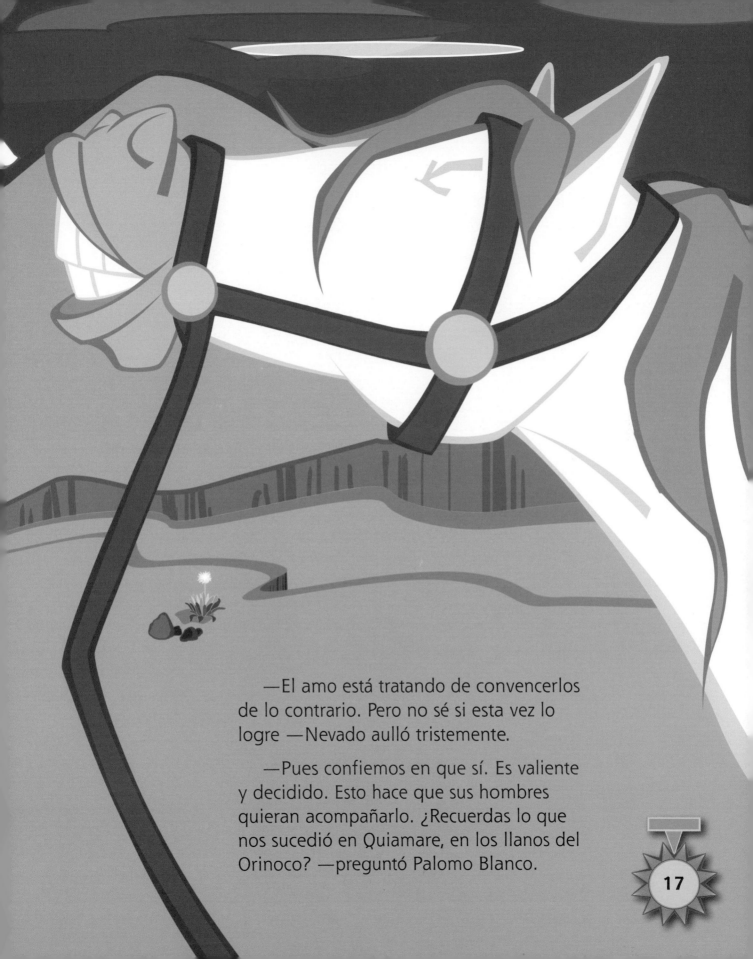

—El amo está tratando de convencerlos de lo contrario. Pero no sé si esta vez lo logre —Nevado aulló tristemente.

—Pues confiemos en que sí. Es valiente y decidido. Esto hace que sus hombres quieran acompañarlo. ¿Recuerdas lo que nos sucedió en Quiamare, en los llanos del Orinoco? —preguntó Palomo Blanco.

—¡Claro que sí! Iban solo 15 compañeros, más bien dicho 17, incluyéndonos a nosotros dos, cuando nos encontrábamos en aquel pequeño bosque. El enemigo vio nuestra bandera, pero…

—¡Ellos no sospechaban que fuéramos tan pocos! —relinchó Palomo Blanco con gusto.

—Entonces el amo urdió un plan: ¡empezó a dar órdenes fingiendo que tenía bajo su mando a cientos de soldados! —continuó Nevado sin darse cuenta de que batía su cola en un charco de agua.

—"¡Seguidme mis valientes!", gritó el amo, y yo emprendí veloz galope al frente... —Palomo Blanco retomó el relato.

—Un momento: recuerda que yo iba adelante, ladrando con ferocidad —interrumpió Nevado.

El caballo le dio la razón y continuó:

—Los demás nos siguieron, gritando. Fueron tan audaces que los españoles pensaron que detrás venía el resto del ejército.

—¡Y huyeron! —Nevado se rascó la oreja con entusiasmo.

—Los hizo entrar en razón, Nevado —Tinjacá habló en voz baja. Nevado alzó las orejas—. Siempre he sospechado que me entiendes, bandido —dijo Tinjacá con seriedad. Nevado dio dos fuertes ladridos—. El Libertador les dijo que su valor y su fe en la libertad les traerán la victoria —añadió Tinjacá.

El soldado le rascó la cabeza al perro y acarició el lomo del caballo. Después se desvaneció en la oscuridad de la noche.

Caballo y perro se miraron felices.

Palomo Blanco sacudió su larga crin y relinchó como lo hacía al amanecer para saludar al nuevo día.

Nevado correteó en círculos tratando de morderse su propia cola.

Al día siguiente, los tres amigos continuaron
en la delantera, abriendo camino en la montaña
seguidos por otros valientes soñadores.
El camino era tan alto que parecía estar
suspendido entre las nubes. Sabían que muchos
peligros tratarían de detenerlos, pero al final
nada impediría que llegaran a su destino y
cumplieran su misión.

Y eso fue exactamente lo que sucedió.

Edna nos habla de El Libertador

El General Simón Bolívar recibió el título de El Libertador por liberar del imperio español a un gran territorio que hoy ocupan seis países latinoamericanos: Venezuela, Colombia, Panamá, Ecuador, Perú y Bolivia. Su sueño era formar una confederación de naciones a la cual llamó La Gran Colombia, y de la cual fue presidente.

Nació en Venezuela, en la ciudad de Caracas, el 24 de julio de 1783. Tuvo dos hermanas y un hermano. Simón fue el menor y el más travieso. Puedo imaginármelo jugando por el amplio patio de la casa montado a caballo… en un palo de escoba, escondiéndose para no asistir a las lecciones de su tutor y subiéndose a los árboles a comer guayabas.

Su padre murió cuando tenía tres años y su madre, seis años después. Sin embargo, fue criado por una maravillosa mujer negra llamada Hipólita que lo quiso como a un hijo.

Sin haber asistido a una academia militar, fue un estratega genial y supo planear las batallas en todo detalle. El Cruce de los Andes, que he relatado, tuvo lugar en mayo de 1819, cuando Simón Bolívar tenía 36 años. Sus soldados también eran jóvenes, pero no estaban acostumbrados a los helados páramos de las montañas, a más de 14,000 pies de altura. A pesar de las penurias, cruzaron los Andes y lograron la independencia de sus hermanos colombianos, ecuatorianos y peruanos en una hazaña nunca antes realizada.

El Libertador amaba a los animales. Tuvo dos mascotas entrañables: el caballo Palomo Blanco, nacido en una de sus haciendas, y el perro Nevado, que le regalaron en el pueblo de Mucuchíes. Con ellos a su lado, participó tanto del peligro de la guerra como de la alegría de los festejos. Al entrar a las ciudades liberadas más de una corona de flores cayó al paso de El Libertador, Palomo Blanco y Nevado.

Simón Bolívar murió de tuberculosis a los 47 años en una finca en Santa Marta, Colombia, en 1830. Ese mismo año, su sueño de La Gran Colombia se desintegró.

Glosario

audaz: capaz de hacer cosas poco comunes sin miedo a las dificultades o los riesgos.

barranco: precipicio lleno de tierra y piedras en el que hay peligro de desprendimientos.

casaca: abrigo ajustado al cuerpo, largo y muy adornado.

choza: casa muy pequeña y tosca, hecha con troncos o cañas y cubierta con paja o ramas.

cobertizo: lugar cubierto donde se resguardan del viento y la lluvia personas, animales, herramientas, etc.

crin: pelos gruesos y largos que tienen los caballos y otros animales a lo largo de la parte superior del cuello.

decidido: que actúa con firmeza y seguridad.

destino: lugar a donde se dirige alguien o algo.

desvanecerse: desaparecer poco a poco de la vista.

entrar en razón: convencerse de que algo que se pensaba o se iba a hacer no es conveniente o bueno.

gachas: inclinadas hacia abajo.

galope: manera de andar del caballo y de otros animales, la más rápida de todas, en la cual el animal llega a mantener por un momento las cuatro patas en el aire.

harapos: ropa sucia, rota y muy gastada.

misión: trabajo o encargo que una persona debe hacer.

montura: conjunto de correas y otras cosas que se le ponen al caballo para montarlo.

mucuche: de la tribu indígena mucuches, de Mérida, Venezuela.

pendiente: una cuesta o subida en un terreno.

suspendido: que está colgado o levantado desde arriba, sin nada que lo sostenga desde abajo.

urdir: pensar y preparar un plan con mucho cuidado.

© De esta edición:
2012, Santillana USA Publishing Company, Inc.
2023 NW 84th Avenue
Doral, FL 33122, USA
www.santillanausa.com

© Del texto: 2012, Edna Iturralde de Kernan

Editora: Isabel Mendoza
Ilustraciones: Ytziar Cori Álvarez
Dirección de arte: Jacqueline Rivera
Diseño y diagramación: Mauricio Laluz
Diseño de portada: Mónica Candelas
Retrato de Bolívar en contraportada: Óleo anónimo, Venezuela, 1816.
Foto de Cultura Hispánica-Algar.

Alfaguara es un sello editorial del **Grupo Santillana**. Éstas son sus sedes:

ARGENTINA, BOLIVIA, BRASIL, CHILE, COLOMBIA, COSTA RICA,
ECUADOR, EL SALVADOR, ESPAÑA, ESTADOS UNIDOS, GUATEMALA,
MÉXICO, PANAMÁ, PARAGUAY, PERÚ, PORTUGAL, PUERTO RICO,
REPÚBLICA DOMINICANA, URUGUAY Y VENEZUELA.

Conoce a Simón Bolívar
ISBN: 978-1-61435-342-3

Published in the United States of America
Printed in Colombia by D´vinni S.A.

17 16 15 14 13 12   1 2 3 4 5 6 7 8 9 10